台灣踏查日記 ⟨上⟩

伊能嘉矩的台灣田野探勘

伊能嘉矩 原著

楊南郡 譯註

地方創生的
25堂商業模式課

風土創業學

洪震宇 —— 著

洪震宇

清華大學社會學碩士、政大社會系畢業。

台灣少數連結人文與商業的創作者與實踐者。曾任《天下雜誌》副總編輯、創意總監,規劃過三一九鄉專輯,也當過《GQ》國際中文版副總編輯。

長期推動風土節氣飲食、在地旅行與社區組織運作,2012年受邀於TED×Taipei發表演說,曾獲選為《Shopping Design》2013年年度影響力人物,被稱為是「台灣新品種旅行設計師」。

目前致力於成為跨領域專業的溝通者,與資源鏈結整合者,希望將複雜的事情變得簡單、有趣,更有深度,產生更大的社會影響力。擔任跨專業領域培訓教練,引導企業、地方組織、社福團體、教育界與政府部門,培養故事力、提問力、寫作力與企劃力,提升溝通與創新能力。

著有《風土餐桌小旅行》、《旅人的食材曆》、《樂活國民曆》(與彭啟明、李咸陽合著)、《精準寫作》、《機會效應》、《走自己的路,做有故事的人》、《資訊夢工場》等。

曾獲開卷美好生活書獎、入選台北國際書展大獎、經濟部財經管理傳記類金書獎與國家文官學院年度選書,並多次獲誠品選書等。

2020年以《風土經濟學:地方創生的21堂風土設計課》獲金鼎獎非文學圖書獎。

Design by L&S   www.liaoweigraphic.com